BEI GRIN MACHT SICH IHR WISSEN BEZAHLT

- Wir veröffentlichen Ihre Hausarbeit, Bachelor- und Masterarbeit

- Ihr eigenes eBook und Buch - weltweit in allen wichtigen Shops

- Verdienen Sie an jedem Verkauf

Jetzt bei www.GRIN.com hochladen und kostenlos publizieren

Bibliografische Information der Deutschen Nationalbibliothek:

Die Deutsche Bibliothek verzeichnet diese Publikation in der Deutschen National-
bibliografie; detaillierte bibliografische Daten sind im Internet über http://dnb.d-
nb.de/ abrufbar.

Impressum:

Copyright © 2017 GRIN Verlag
Druck und Bindung: Books on Demand GmbH, Norderstedt Germany
ISBN: 9783668621770

Dieses Buch bei GRIN:

https://www.grin.com/document/388098

Michèle Hertzsch

Einsendeaufgabe zur Trainingsplanung für das Ausdauertraining

GRIN Verlag

GRIN - Your knowledge has value

Der GRIN Verlag publiziert seit 1998 wissenschaftliche Arbeiten von Studenten, Hochschullehrern und anderen Akademikern als eBook und gedrucktes Buch. Die Verlagswebsite www.grin.com ist die ideale Plattform zur Veröffentlichung von Hausarbeiten, Abschlussarbeiten, wissenschaftlichen Aufsätzen, Dissertationen und Fachbüchern.

Einsendeaufgabe

Fachmodul:	Trainingslehre 2
Studiengang:	Gesundheitsmanagement
Name, Vorname:	Hertzsch, Michèle
Studienort:	**Leipzig**
Semester:	**WS 15**

Inhaltsverzeichnis

1 Lösung Aufgabe 1

1.1 Allgemeine und biometrische Daten

Biometrische Daten	Daten zur Person
Alter	26
Geschlecht	männlich
Körpergröße	1,89m
Körpergewicht	85kg
Trainingsmotive	Ausgleich zum Job
	Verbesserung der Ausdauer
	Reduzierung vom Körperfettanteil
Berufliche Tätigkeit	Sportlehrer in der Grundschule
Aktuelle sportliche Betätigung	2 Stunden Spinning pro Woche
	1 mal wöchentliches Joggen (ca. 18km)
Frühere sportliche Betätigung	Im Alter von 4-13:
	4 Stunden Geräteturnen in der Woche
	8-15: Fußball
Zeitlicher Verfügungsrahmen	4 Stunden pro Woche
Blutdruck	119/75 mmHg
Ruhepuls	61 S/min
Allgemeiner Gesundheitszustand	Keine Allergien und keine sonstigen auffälligen
	Beschwerden / Krankheiten
Gesundheitliche Einschränkungen	keine

Tabelle 1: Biometrische Daten des Kunden

Nachfolgend die Bewertung zum Blutdruck und zum Ruhepuls aufgeführt.

Der Blutdruck mit 119/75 mmHh ist sowohl in der Systole, als auch in der Diastole optimal. Die Einordnung der Blutdruckwerte kann durch die nachfolgende Tabelle bestimmt werden (vgl. Israel et al., 2010, S.255)

Wertung	Systolischer Blutdruck	Diastolischer Blutdruck
Normalblutdruck		
Optimal	< 120 mmHg	< 80 mmHg
Normal	< 130 mmHg	< 85 mmHg
Hochnormal	130 – 139 mmHg	85 – 89 mmHg
Bluthochdruck		
Stufe 1	140 – 159 mmHg	90 – 99 mmHg
Stufe 2	160 – 179 mmHg	100 – 109 mmHg
Stufe 3	>180 mmHb	>110 mmHg

Tabelle 2: Klassifikation der Blutdruckwerte (vgl. ISRAEL et al., 2011, S.166)

Mein Kunde hat einen Ruhepuls von 61 S/min. Eingeordnet wird er somit als Durchschnittsbürger. Jedoch kann auch gesagt werden, dass er eine Tendenz zu der oberliegenden Einordnung als „überdurchschnittlich gut trainierter Sportler" hat. Die nachstehende Tabelle verdeutlicht dies anschaulich.

Ruhepuls	Einstufung
< 50 S/min	Ausdauerleistungssportler
50 – 60 S/min	Überdurchschnittlich gut trainierter Sportler
60 – 80 S/min	Durchschnittsbüger

Tabelle 3: Darstellung der Pulsklassifikationen nach ISRAEL et al.

Die Körperfettmessung bei meinem Kunden wurde mit der BIA-Methode durchgeführt. So wurde ein Körperfettanteil von 18% ermittelt.

Des Weiteren hat mein Kunde einen BMI von 23,8. Dieser Wert sagt das Normalgewicht aus (World Health Organisation, 2000, S. 9).

1.2 Leistungsdiagnostik und Ausdauertestung

Ich habe mich bei meiner Testperson für den Vita-Maxima-Test entschieden. Dafür wurde sich entschieden, da dieser Test für gut trainierte Personen geeignet ist. Da mein Proband schon einiges an Sport macht und auch in seiner Kindheit aktiv war, empfand ich diesen Test als optimal.

Des Weiteren bestätigen der Blutdruck und der Ruhepuls, dass der Kunde schon trainiert ist und der Test somit auch geeignet ist. Zudem hat der Kunde keine weiteren gesundheitlichen Probleme, sodass der Test optimal durchgeführt werden kann. Ich habe mich gegen den WHO-Test entschieden, da dieser eher für leistungsschwache Personen, übergewichtige oder ältere Menschen bestimmt ist (vgl. REIß et al., 2012, S. 75). Der Hollmann-Venrath-Test wäre auch für meinen Kunden geeignet, da dieser für durchschnittlich bis gut trainierte Personen bestimmt ist, aber ich habe mich gegen diesen entschieden, da die maximale Herzfrequenz hier nicht mit inbegriffen ist (vgl. REIß et al., 2011, S.78)

Dieser Test ist ein Stufentest mit maximaler Belastung. Die Eingangsbelastung liegt bei 50 bzw. 100 Watt und wird um 50 Watt gesteigert. Eine Stufendauer beträgt jeweils 3 Minuten. Die Trittfrequenz bei diesem Test sollte bei ca. 80-100 Umdrehungen pro Minute liegen. Die Ausbelastung folgt bei mindestens 200 minus Lebensalter. Die Ausbelastung bei meiner Testperson würde somit bei einer Pulsobergrenze von 172 Schlägen pro Minute liegen.

Geschlecht: männlich	Gewicht: 85 kg
Alter: 26 Jahre	Blutdruck: 119/75 mmHg
Testform: maximale Belastung	Eingangsbelastung: 50 Watt
Stufendauer: 3 min	Belastungssteigerung: 50 Watt
Trittfrequenz: 80-100 U/min	Pulsobergrenze: 200-LA (26) = 174 S/min

Tabelle 4: Rahmenbedingungen des Vita-Maxima-Test

Zeit	Watt	Hf 1	Hf 2	Hf 3
0-3min	50 Watt	95	96	96
4-6min	100 Watt	107	109	119
7-9min	150 Watt	131	134	135
10-12min	200 Watt	140	146	154
13-15min	250 Watt	161	167	169
16-18min	300 Watt	175	Testabbruch	-
Watt gesamt:	267 Watt			
Watt/kg:	3,14			
Pulsrückgang				
1 min. nach Ausbelastung	2 min. nach Ausbelastung	3 min. nach Ausbelastung	4 min. nach Ausbelastung	
146	136	128	111	

Tabelle 5: Testprotokoll vom Vita-Maxima-Test

Der Vita – Maxima – Test wurde bei meinem Kunden bis zu der Wattzahl von 300 Watt durchgeführt. Diese Teststufe wurde nach der zweiten Minute abgebrochen, da die Pulsobergrenze erreicht worden ist. Da frühzeitig abgebrochen wurde ergibt sich ein anderer Wattwert.

- Stufe 1-5 (250 Watt)   250 Watt
- Stufe 6 → 1/3 = 17 Watt   +17 Watt
- Stufe 1-5 + Stufe 6   =267 Watt

Dieses Ergebnis beschreibt somit eine durchschnittliche Ausdauerfähigkeit (vgl. Reiß et al., 2011, S. 86 nach KINDERMANN, 1987).

1.3 Gesundheits- und Leistungszustand der Person

Da dieser Test eine durchschnittliche Ausdauerfähigkeit meines Kunden beschreibt, kann gesagt werden, dass Verbesserungen angestrebt werden können. So kann die Grundlagenausdauer verbessert werden. Durch ein regelmäßiges Training kann auch der Körperfettgehalt reduziert werden. Bei dem Leistungszustand meines Kunden sollte dies kein Problem sein.

2 Lösung Aufgabe 2

	Inhalt	Ausmaß	Zeit
Ziel 1	Reduktion des Körperfettanteils	Von 18 % auf 15 %	6 Wochen
Ziel 2	Verbesserung des Ruhepulses	Auf 56 S/min	6 Wochen
Ziel 3	Senkung des BMI	Auf 23,0	6 Wochen

Tabelle 6: Zielsetzung des Kunden

Die einzelnen Ziele sind erreichbar, wenn der Kunde sich an seinen Trainingsplan hält, es will und er sich zusätzlich noch optimal ernährt. Die gesundheitlichen Voraussetzungen sind gegeben. Zudem wäre gerade in Bezug auf die Fettreduktion ein zusätzliches Krafttraining empfehlenswert. Die Verbesserung des Ruhepulses ist angestrebt, da darauf langfristig positive Effekte erzielt werden können. So wir nicht nur die Herzarbeit ökonomisiert, sondern auch die Koronardurchblutung wird verbessert und das Schlagvolumen des Herzes erhöht. Die Senkung des BMI wurde sich für meinem Kunden gewünscht, da er findet, dass dies eine aussagekräftige Zahl ist. Mit einem BMI von 23,0 wäre er zufrieden.

3 Lösung Aufgabe 3

3.1 Grobplanung Mesozyklus

Um die Trainingbereiche des Kunden zu bestimmen verwende ich an dieser Stelle die Karvonen-Formel. Optimal an dieser Formel ist dass der Trainingszustand berücksichtigt wird. Bestimmt wird dies durch die Ruheherzfrequenz und die möglichen Veränderungen der maximalen Herzfrequenz (vgl. REIß et al., 2011, S.141).Die Formel hierfür lautet:

Thf = (Hf_{max} – Hf_{Ruhe}) * Intensität in % + Hf_{Ruhe}

Thf = (175 S/min. – 61 S/min) * 0,75 + 61 S/min.

Thf = 147 S/min.

$Hf_{Reserve}$	S/min.
45%	112
50%	118
55%	124
60%	130
65%	135
70%	141
75%	147
80%	152
85%	158
90%	164
95%	170
100%	175

Tabelle 7: Thf des Kunden nach der Karvonen-Formel

Da mein Kunde kein Leistungssportler ist und auch nicht werden will, werden die hohen Intensitäten von 90 – 100 % nicht beachtet (vgl. ZINTL et al., 2009, S.112)

Grobplanung Mesozyklus	
Dauer	6 Wochen
Trainingsziele	- Körperfettreduktion - Verbesserung des Ruhepulses - Verbesserung und Stabilisierung der Ausdauer
Belastungsumfang in einer Woche	Kurse: 2 Stunden Spinning / Woche Laufeinheiten: 2 Stunden pro Woche

Trainingsmethoden	- Extensive Dauermethode - Variable Dauermethode - Intensive Dauermethode
Trainingsintensität	- 45%-60% $Hf_{Reserve}$ → Rekom - 60%-70% $Hf_{Reserve}$ → extensive Dauermethode - 60%-80% $Hf_{Reserve}$ → variable Dauermethode - 70%-80% $Hf_{Reserve}$ → intensive Dauermethode
Trainingshäufigkeit pro Woche	- 2 Kurse (Spinning) - 2 Laufeinheiten
Dauer pro Trainingseinheit	- 20 – 40 min. Rekom - 35 – 85 min. extensive Dauermethode - 35 – 60 min. variable Dauermethode - 35 – 50 min. intensive Dauermethode
Trainingsgeräte	- Outdoor oder Laufband

Tabelle 8: Grobplanung Mesozyklu

3.2 Detailplanung Mesozyklus

Woche 1				
	Montag	Mittwoch	Freitag	Sonntag
Trainingsziel	GA 1	GA 2	GA 2	REKOM
T.-methode	Extensive DM	Intensive DM	Intensive DM	Extensive DM
T.-intensität	55-60% $Hf_{Reservse}$ 124-129 S/min.	75-80% $Hf_{Reservse}$ 147-152 S/min.	75-80% $Hf_{Reservse}$ 147-152 S/min.	45-50 % $Hf_{Reservse}$ 112-118 S/min.
T.-dauer	50 min	55 min.	55min.	50 min.
T.-gerät	Laufband	Kurs	Kurs	Laufband
Woche 2				
Trainingsziel	GA 1	GA 2	GA 2	REKOM
T.-methode	Extensive DM	Intensive DM	Intensive DM	Extensive DM
T.-intensität	55-60% $Hf_{Reservse}$ 124-129 S/min.	75-80% $Hf_{Reservse}$ 147-152 S/min.	75-80% $Hf_{Reservse}$ 147-152 S/min.	45-50 % $Hf_{Reservse}$ 112-118 S/min.
T.-dauer	50 min	55 min.	55min.	50 min.
T.-gerät	Laufband	Kurs	Kurs	Laufband

Woche 3

Trainingsziel	GA 1	GA 2	GA 2	REKOM
T.-methode	Extensive DM	Intensive DM	Intensive DM	Extensive DM
T.-intensität	55-60% $Hf_{Reservse}$ 124-129 S/min.	75-80% $Hf_{Reservse}$ 147-152 S/min.	75-80% $Hf_{Reservse}$ 147-152 S/min.	45-50 % $Hf_{Reservse}$ 112-118 S/min.
T.-dauer	50 min	55 min.	55min.	50 min.
T.-gerät	Laufband	Kurs	Kurs	Laufband

Woche 4

Trainingsziel	GA 1 / 2	GA 1	GA 1 / 2	GA 1
T.-methode	Variable DM	Extensive DM	Variable DM	Extensive DM
T.-intensität	Extensiv: 60-65% $Hf_{Reservse}$ 129-135 S/min. Intensiv: 75-80% $Hf_{Reservse}$ 147-152 S/min.	55-60% $Hf_{Reservse}$ 124-129 S/min.	Extensiv: 60-65% $Hf_{Reservse}$ 129-135 S/min. Intensiv: 75-80% $Hf_{Reservse}$ 147-152 S/min.	55-60% $Hf_{Reservse}$ 124-129 S/min.
T.-dauer	45 min.	60 min.	45 min.	60 min.
T.-gerät	Laufband	Outdoor	Laufband	Outdoor

Woche 5

Trainingsziel	GA 1 / 2	GA 2	GA 2	GA 1
T.-methode	Variable DM	Intensive DM	Intensive DM	Extensive DM
T.-intensität	Extensiv: 60-65% $Hf_{Reservse}$ 129-135 S/min. Intensiv: 75-80% $Hf_{Reservse}$ 147-152 S/min.	75-80% $Hf_{Reservse}$ 146-152 S/min.	75-80% $Hf_{Reservse}$ 146-152 S/min.	55-60% $Hf_{Reservse}$ 124-129 S/min.
T.-dauer	45 min.	55 min.	55 min.	65 min.
T.-gerät	Laufband	Kurs	Kurs	Outdoor

Woche 6

Trainingsziel	GA 1 / 2	GA 2	GA 2	GA 1
T.-methode	Variable DM	Intensive DM	Intensive DM	Extensive DM
T.-intensität	Extensiv: 60-65% $Hf_{Reservse}$ 129-135 S/min. Intensiv: 75-80% $Hf_{Reservse}$	75-80% $Hf_{Reservse}$ 146-152 S/min.	75-80% $Hf_{Reservse}$ 146-152 S/min.	55-60% $Hf_{Reservse}$ 124-129 S/min.

	147-152 S/min.			
T.-dauer	65 min.	55 min.	55 min.	65 min.
T.-gerät	Laufband	Kurs	Kurs	Outdoor

Tabelle 9: Detailplanung Mesozyklus

3.3 Begründung Mesozyklus

Zunächst folgt erst einmal ein Überblick über den Wochenumfang des Trainingsplans. Von der ersten bis zur vierten Woche werden insgesamt immer 210 min. trainiert. In der fünften Woche wird dies dann auf 220 min. gesteigert und in der sechsten Woche auf 240 min.

Den wöchentlichen Belastungsumfang habe ich erst einmal nur in den letzten zwei Wochen gesteigert, damit der Kunde sich vorher an die gegebene Belastung gewöhnen kann.

Da unter anderem die GA meines Kunden verbessert werden soll wurde die extensive Dauermethode verwendet. Hier wird die Herzfrequenz niedrig gehalten und die Belastung ist auch nicht so hoch. Eine Verbesserung der Herzarbeit ist hierbei gegeben. Ein weiterer Kundenwunsch ist die Fettverbrennung. Hier greift auch die Methode der extensiven Dauermethode. Die intensive DM dient dann dazu, das Herz-Kreislauf-System weiter zu entwickeln. Des Weiteren dient sie der Verbesserung des aeroben Stoffwechsels unter verstärkter Glykogennutzung. Bei der variablen DM wird dann die Energiebereitstellung umgestellt. (ZINTL et al., 2009, S.119f)

Bei dem Kunden wurde sich für eine allmähliche Leistungssteigerung entschieden, da dies letztendlich zu einer Leistungsverbesserung führt (ZINTL et al., 2009, S. 18). So wird die Trainingszeit der Grundlagenausdauer erst um 10 min. erhöht und dann nochmal um 5 min.

Die Trainingsintensität des Kunden wird angehoben, da die Trainingshäufigkeit schon ausgeschöpft ist. Wäre dies nicht der Fall, wäre es sinnvoll, erst den Umfang zu ändern.

In den unterschiedlichen Trainingsbereichen wurde trainiert, um einerseits eine Abwechslung drin zu haben, aber vor allem um die Intensitäten zu ändern.

So liegt die Trainingsintensität bei der extensiven Dauermethode bei 45-70% $Hf_{Reserve}$ und die Trainingsherzfrequenz zwischen 112-141 S/min. Bei der intensiven DM liegt die Intensität dann bei 75-85% $Hf_{Reserve}$. Dadurch ist hier eine Trainingsherzfrequenz zwischen 147-158 S/min. zu beachten. Bei der variablen Methode liegt die Intensität bei 60-85% $Hf_{Reserve}$. Die Trainingsherzfrequenz liegt hierbei im Bereich von 129-158 S/min. (vgl. ZINTL et al., 2009, S. 119f).

Bei der Bewegungsform wurde sich für das Lauftraining entschieden. Da der Kunde schon Spinning ausübt, ist das Lauftraining eine Abwechslung. Da mein Kunde auch keine Schäden hat die durch ein Lauftraining verschlimmert werden könnten, stellt das Lauftraining kein Problem dar.

4 Literaturrecherche

4.1 Studie 1

Wer hat die Studie durchgeführt?	Durchgeführt wurde die Studie von WHELTON et al. Hierbei handelt es sich um eine Metaanalyse.
In welchem Jahr wurde die Studie publiziert?	Publiziert wurde die Studie im April 2002 (Annals of Internal Medicine, Ausgabe 136, 2002).
Mit welchen Personen wurde die Studie publiziert?	Insgesamt wurden für diese Metaanalyse 54 Studien mit 2419 Teilnehmern durchgeführt. In den jeweiligen Studien wurde dann nach Geschlecht, Alter (>21-79) und Herkunft unterschieden. Des Weiteren wurde danach unterschieden, ob eine Person an Hypertonie leidet oder nicht. Wichtig ist noch zu wissen, dass alle Teilnehmer in ihrem Alltag überwiegend sitzen (vgl. WHELTON et al., 2002, S. 496 f).
Wie sah der Versuchsaufbau der Studie aus?	Die verschiedenen Studien innerhalb der Metaanalyse wurden nach verschiedenen Parametern sortiert. Dabei wurden die Veränderungen beim systolischen und diastolischen Blutdruck angegeben. Die Studien wurden dann nach Art des Blutdrucks, Dauer der Studie, Art des Trainings, Trainingsumfang pro Woche und nach Trainingsintensität zusammengefasst.
Welche relevanten Ergebnisse und Schlussfolgerungen lieferte die Studie?	Bei diesen Studien kam heraus, dass in 15 Studien der systolische Blutdruck um 4,94 mmHg sank. Der diastolische Blutdruck sank ebenfalls in 13 Studien um 3,73 mmHg. Der blutdrucksenkende Effekt ist bei einem Trainingsumfang von 150 min. pro Woche am größten gewesen. Des Weiteren ist zu erkennen, dass die kürzeste Studie, die nicht einmal 10 Wochen dauerte, die beste blutdrucksenkende Wirkung hatte (vlg. WHELTON et al., 2002, S.499). So kann gesagt werden, dass ein zehnwöchiges Programm die beste Möglichkeit ist, den Blutdruck zu senken. Aber auch die anderen Programme und Versuche zeigten eine deutliche Verbesserung des Blutdrucks (vgl. WHELTON et al., 2002, S. 500).

Tabelle 10: Studie 1

4.2 Studie 2

Wer hat die Studie durchgeführt?	Durchgeführt wurde die Studie von LAMINA et al. (Federal University of Technology, Owerri, Nigeria).
In welchem Jahr	Im August 2011 wurde diese dann publiziert (Nigerian Journal of Clinical

wurde die Studie publiziert?	Practice, Vol. 15, Januar – March 2015).
Mit welchen Personen wurde die Studie publiziert?	Zunächst einmal grundsätzliches zu der Studie. In der Studie geht es darum, dass das erhöhte Blutdruckverhalten durch gezieltes Intervalltraining reduziert werden soll. An der Studie haben insgesamt 245 Männer teilgenommen. Die Probanden waren zwischen 50 und 70 Jahre. Bei ihnen lag der systolische Blutdruck zwischen 140 und 180 mmHg und der diastolische Blutdruck zwischen 90 und 109 mmHg. Zudem nahmen alle Probanden blutdrucksenkende Mittel ein (vgl. LAMINA et al., 2012, S.42f). Personen mit Untergewicht (BMI unter $18,5kg/m^2$), mit Übergewicht (BMI über $30kg/m^2$), Personen mit Folgeerkrankungen, Atemwegserkrankungen, sowie Raucher, Diabetiker und Alkoholiker wurden von der Studie ausgeschlossen (vgl. LAMINA et al., 2012, S.43).
Wie sah der Versuchsaufbau der Studie aus?	Die Probanden wurden nach dem Zufallsprinzip in 2 Gruppen eingeteilt. Die erste Gruppe war die Intervallgruppe mitm140 Personen und die zweite Gruppe war dann die Kontrollgruppe mit 105 Personen. Die erste Gruppe führte ein achtwöchiges Intervalltraining auf einem Fahrradergometer mit einer Intensität von 60%-79% der maximalen Hf_{max} Reserve durch. Dieses Training fand 3-mal pro Woche statt. In den ersten zwei Wochen ging dies 45 min., danach wurde es langsam auf 60 min erhöht. Die Trittgeschwindigkeit in den Belastungsphasen lag bei 50 U/min. Angesetzt wurde das Intervalltraining mit jeweils 6 min. für die Be- und Entlastungsphase. Während dieser Studie durfte die zweite Gruppe keine anstrengenden Aktivitäten ausüben.
Welche relevanten Ergebnisse und Schlussfolgerungen lieferte die Studie?	Folgende Parameter, die sowohl vor, als auch nach der Studie gemessen wurden, sollten die möglichen Veränderungen darstellen. Ermittelt wurden: - Der systolische und diastolische Blutdruck - Maximale Sauerstoffaufnahme - Gesamtcholesterin - HDL (High Density Lipoprotein) - AI (Artogenic Index) Letztendlich zeigte die Studie Auswirkungen auf die systolischen und den diastolischen Blutdruck, sowie auf den AI und den Cholesterinspiegel. Ebenso waren erhöhte Auswirkungen auf die maximale Sauerstoffaufnahme und den HDL-Spiegel zu verzeichnen. Der systolische Blutdruck sank auf 150,35 mmHg. Vorher lag dieser bei 166,05 mmHg. Ebenso sank auch der diastolische Blutdruck von 100,8 mmHg auf 94,09 mmHg. Anhand dieser Werte kann schlussfolgernd gesagt werden, dass ein Ausdauertraining positive Effekte bei arterieller Hypertonie hat.

Tabelle 11: Studie 2

5 Literaturverzeichnis

ISRAEL, S./ALBERS, T. (2011). *Medizinische Grundlagen.* Saarbrücken: Deutsche Hochschule für Prävention und Gesundheitsmanagement.

ISRAEL, S./ALBERS, T. *(2010). Medizinische Grundlagen.* Deutsche Hochschule für Prävention und Gesundheitsmanagement, Saarbrücken 2010.

LAMINA, S./OKOYE GC.: *Therapeutic effect of a moderate intensity interval training program on the lipid profile in men with hypertension:* A randomized controlled trial. In: Niger J Clin Pract (2012) 15, S. 42-47.

REIß, M. / FIKENZER, S.: *Trainingslehre 2. Unveröffentlichtes Studienmaterial (Version 6).* Deutsche Deutsche Hochschule für Prävention und Gesundheitsmanagement, Saarbrücken 2011.

REIß, M. / FIKENZER, S.: *Trainingslehre 2. Unveröffentlichtes Studienmaterial (Version 7).* Deutsche Deutsche Hochschule für Prävention und Gesundheitsmanagement, Saarbrücken 2012.

WHELTON, S.P. / CHIN, A. / XUE, X. / JIANG, H.: Effect of Aerobic Exercise on Blood Pressure: A Meta-Analyse of Randomized, Controlled Trials. In: Ann Intern Med (2002) 136, S. 493-503.

World Health Organisation. (2002). *Obesity: Preventing and Managing the Global Epidemic – Report of a WHO Consultation*: The Stationery Office Books (Agencies).

ZINTL, F. / EISENHUT, A.: *Ausdauertraining: Grundlagen – Methoden – Trainingssteuerung. 7. Überarbeitete Auflage. BLV Buchverlag GmbH & Co. KG.* München 2009.

6   Tabellenverzeichnis

6.1 Tabellenverzeichnis

BEI GRIN MACHT SICH IHR WISSEN BEZAHLT

- Wir veröffentlichen Ihre Hausarbeit, Bachelor- und Masterarbeit

- Ihr eigenes eBook und Buch - weltweit in allen wichtigen Shops

- Verdienen Sie an jedem Verkauf

Jetzt bei www.GRIN.com hochladen und kostenlos publizieren